Liz Kessler

Emily Meermädchen

Beste Freundinnen

Mit Bildern von Joanie Stone

Aus dem Englischen
von Anna Taube

Ravensburger

In der Reihe „Emily Meermädchen“
bisher erschienen:
Das große Geheimnis
Beste Freundinnen

Gewidmet allen, die zu schüchtern sind, um ihre Talente zu zeigen. Ich hoffe, dieses Buch hilft euch, aus eurem Schneckenhaus herauszukommen.
LK

Für meine beste Freundin – Amber.
JS

MIX
Papier | Fördert gute Waldnutzung
FSC® C111262

1 3 5 4 2

Postfach 2460, 88194 Ravensburg

Übersetzung: Anna Taube
Published by arrangement with Walker Books Limited, London SE11 5HJ

Printed in Germany
ISBN 978-3-473-46256-8

ravensburger.com

Inhalt

Auf zur Schule!

Am Montagmorgen machte sich Hanna bereit für die Schule. „Achtundneunzig, neunundneunzig, hundert“, zählte sie, während sie ihr langes Haar bürstete.

Hannas Mama schwamm ins Zimmer.

„Bist du bald fertig?“, fragte sie.

„Ich muss noch meine Flosse putzen“,

antwortete Hanna.

Hannas Mama schaute aus dem Fenster.

„Gerade kommt eine Delfinkutsche.

Wenn du dich beeilst, kannst du damit zur

Schule fahren."

„Schon gut", sagte Hanna. „Ich möchte

sowieso lieber schwimmen."

Fünf Minuten später war sie auf dem Weg zur Seestadt-Schule. Sie jauchzte vor Glück. Es war so schön, mit einem Schlag ihrer Flosse durchs Wasser zu sausen.

Nur eines war noch schöner.

Singen!

Wenn Hanna könnte, würde sie den ganzen Tag lang singen. Es gab nur ein Problem: Hanna war zu schüchtern, um vor anderen Leuten zu singen.

Sie hatte riesige Angst davor,
ausgelacht zu werden. Deswegen sang
sie nur, wenn sie ganz allein war.
So wie jetzt, auf dem Weg zur Schule.
Doch am Schultor hörte sie auf.

SEESTADT
BÜCHER
Talentwettbewerb
zu Ehren
mit König Neptun!
Trage dich hier ein.

Der Talentwettbewerb

In der Schule drängelten sich die Meerkinder um das Info-Brett.

„Was ist denn da los?“, wollte Hanna von Sina wissen.

Sina zuckte aufgeregt mit der Flosse.
„Nächste Woche findet ein Talentwettbewerb statt!“

„Ein Talentwettbewerb?“, fragte Hanna.
„Das klingt toll!“
„Und weißt du, was das Beste ist?“, fragte Sina.

„Was denn?"

Sina klatschte in die Hände. „Neptun selbst wird der Preisrichter sein."

„Neptun? Der König des Meeres?", fragte Hanna atemlos.

„Ja! Schau!"

Hanna las

die Ankündigung:

Talentwettbewerb
zu Ehren
von König Neptun!
Hast du ein Talent?
Dann zeige es bei
diesem einmaligen Wettbewerb!
Alle, die mitmachen,
dürfen einen Gast mitbringen.
Der erste Preis ist ein Treffen
mit König Neptun!
Trage dich hier ein.

Hannas Herz klopfte wild. Sie würde so gern einmal König Neptun persönlich treffen! Aber das ging ja nicht …

Denn sie würde eher im Meeresboden versinken, als vor der ganzen Schule zu singen.

„Echt schade, dass ich kein Talent habe", sagte Hanna schnell. Und bevor Sina noch etwas antworten konnte, flitzte Hanna – **ZISCH!** – ins Klassenzimmer.

Der Talentwettbewerb war *das* Gesprächsthema der Schule! Aufgeregt planten die Meerkinder, was sie zeigen wollten.

David wollte
an Seilen turnen.

Lilli wollte tanzen.
Rosie wollte
ein Gedicht
aufsagen.
Alle wollten
mitmachen!
Wirklich alle.
Nur Hanna konnte nicht …

Beste Freundinnen

Nach der Schule schwamm Hanna zum Regenbogenfelsen. Hier wollte sie sich bei Sonnenuntergang mit ihrer besten Freundin Emily treffen.

Sie setzte sich auf den Felsen – **PLITSCH, PLATSCH!** – und planschte mit der Flosse im Wasser. Dabei sang sie vor sich hin und strich mit den Fingern durch ihr Haar. Sie war so versunken in ihr Lied, dass sie Emily gar nicht kommen sah.

„Hallo!“, rief Emily und schwamm zu Hanna.

„Hallo!“ Hanna lächelte ihre beste Freundin an.

„Hast du diese Melodie gehört?“, fragte Emily.

„Welche Melodie?“

„Ich weiß auch nicht. Sie hörte auf, als ich hierherkam. Aber sie war wunderschön. Es klang, als würde das Meer der Sonne ein Schlaflied singen.“

Hanna lachte. „Nein, so eine Melodie habe ich nicht gehört. Bist du dir sicher, dass du sie dir nicht eingebildet hast?“

Emily lachte auch. „Du hast bestimmt recht. Los, lass uns schwimmen!“

Hanna fuhr sich immer noch durchs Haar. „Ich komme gleich. Ich will noch diese Knoten rausbekommen“, sagte sie.

Emily glitt vom Felsen ins Wasser.

Hanna strich durch ihr Haar und sang dabei wieder.

Emily wollte gerade abtauchen, da hielt sie inne.

„Das warst du!“, rief sie.

Eine schöne Stimme

Vor Schreck plumpste Hanna ins Wasser. **PLATSCH!** Als sie wieder auftauchte, grinste Emily sie an. „Diese schöne Melodie …“, sagte sie. „Das warst du!“

Hanna starrte sie an. „Wirklich?“

„Wirklich!“, sagte Emily. „Ich wusste gar nicht, dass du eine so schöne Stimme hast!“

„Wie auch? Ich habe ja noch nie jemandem etwas vorgesungen“, sagte Hanna.

„Das solltest du aber! Deine Stimme ist einfach fischtastisch!“, sagte Emily. „Würdest du mir etwas vorsingen?“, fragte sie.

Hanna blickte sich um. Außer Emily war niemand zu sehen.

Also setzte Hanna sich
auf den Felsen und sang.
Und Emily hörte zu.

Als Hanna fertig war, klatschte Emily, dass das Wasser nur so spritzte.

Hanna lächelte. Doch mit einem Mal senkte sie traurig den Kopf.

„Ich wünschte, ich wäre mutiger“, sagte sie.

„Wieso?“, wollte Emily wissen.

Hanna erzählte ihr von dem Wettbewerb.

„Ich kann nicht vor der ganzen Schule singen“, sagte sie. „Oder vor König Neptun.“

„Warum denn nicht?“, fragte Emily.

Hanna schüttelte den Kopf. „Ich trau mich nicht. Ich schaff das nie!“

„Aber *mir* hast du doch vorgesungen“, sagte Emily. „Und du hast die schönste Stimme, die ich je gehört habe!“

„Du bist meine beste Freundin. Wenn du da bist, habe ich keine Angst mehr“, sagte Hanna leise. „Ach, wenn du bloß zum Auftritt kommen könntest. Aber du gehst ja nicht in meine Schule …“

Die Meermädchen schwiegen ratlos.

Plötzlich kribbelte Hannas Flosse.

„Warte mal!“

Die Entscheidung

„Alle, die teilnehmen, dürfen ja einen Gast mitbringen. Wenn ich mitmache, könntest du also doch dabei sein!"

Emily grinste. „Und dann kann ich dir zujubeln!"

Hanna blickte trotzdem besorgt.

„Was ist denn noch?“, fragte Emily.

Hanna zuckte die Schultern. „Was, wenn alle über mich lachen? Oder finden, dass ich schlecht singe oder …?“

„Denk nicht an die anderen“, sagte Emily ernst. „Schau nur zu mir, während du singst, und vergiss alles andere.“

„Glaubst du echt, dass ich das schaffe?“, fragte Hanna.

Emily nahm Hannas Hand und sagte: „Weißt du, früher fand ich es furchtbar, anders zu sein als die anderen. Aber seit du meine Freundin bist, sind mir die anderen egal. Weil du mich genau so magst, wie ich bin.“

„Mir geht es genauso“, sagte Hanna.

„Dann denk fest daran, wenn du Lampenfieber bekommst. Du schaffst das, Hanna. Ich weiß, dass du es kannst.“

Hanna holte tief Luft. Dann sagte sie:

„Na gut, ich mach mit!“

Der große Tag

Der große Tag war da! Mit einem mulmigen Gefühl linste Hanna hinter dem Vorhang hervor zum Publikum. Dann war sie an der Reihe.

So viele Leute! Und alle starrten zur Bühne und warteten auf sie! Hannas Flosse zitterte vor Angst.

Da entdeckte sie Emily in der Menge. Ihre Freundin lächelte ihr zu und drückte ihr fest die Daumen. „Ich schaff das“, murmelte Hanna.

Sie schwamm auf die Bühne, räusperte sich und begann zu singen. Oje, ihre Stimme war ganz leise. Sie schloss die Augen und stellte sich vor, am Regenbogenfelsen nur für Emily zu singen. Sie sang und sang und sang.

Als sie endete, war es
muckfischchenstill.
„O nein“, dachte Hanna. „Sie fanden es schrecklich. Ich *war* schrecklich!“

Doch mit einem Mal – **WUSCH!** – sprang das Publikum auf und jubelte und klatschte begeistert.

Hanna schwamm zu Emily. „Ich glaube, sie fanden es gut“, sagte Hanna.

„Sie fanden dich nicht *gut*“, antwortete Emily. „Sie fanden dich fischtastisch!“

Am Ende des Wettbewerbs rauschte eine Delfinkutsche zur Bühne. Darin saß König Neptun!

„Ich verkünde nun“, sagte der König des Meeres, „wer den Talentwettbewerb gewonnen hat.“

Alle hielten den Atem an. Der König lächelte und rief: „Das Meermädchen Hanna!“

Wie im Traum schwamm Hanna auf die Bühne. Der König überreichte ihr eine goldene Muschel.

„Danke, Majestät“, hauchte Hanna.

Hannas Klassenkameraden umringten sie freudig. Sie schwärmten davon, wie schön Hannas Stimme war. Und Emily schwamm mittendrin und lachte, jubelte und plitsch-plätscherte mit.

„Danke, dass du mir geholfen hast, mutig zu sein", sagte Hanna zu Emily.
„Dafür sind beste Freundinnen da", antwortete Emily.

Hanna lächelte. Jetzt wusste sie, dass sie nie mehr Angst davor haben würde zu singen. Ganz egal, wer gerade zuhörte.

Überglücklich sang sie,

den ganzen

Heimweg lang.